# Une los puntos de Dino

Traza el contorno uniendo los puntos en orden.
Luego termina de colorear el dinosaurio.

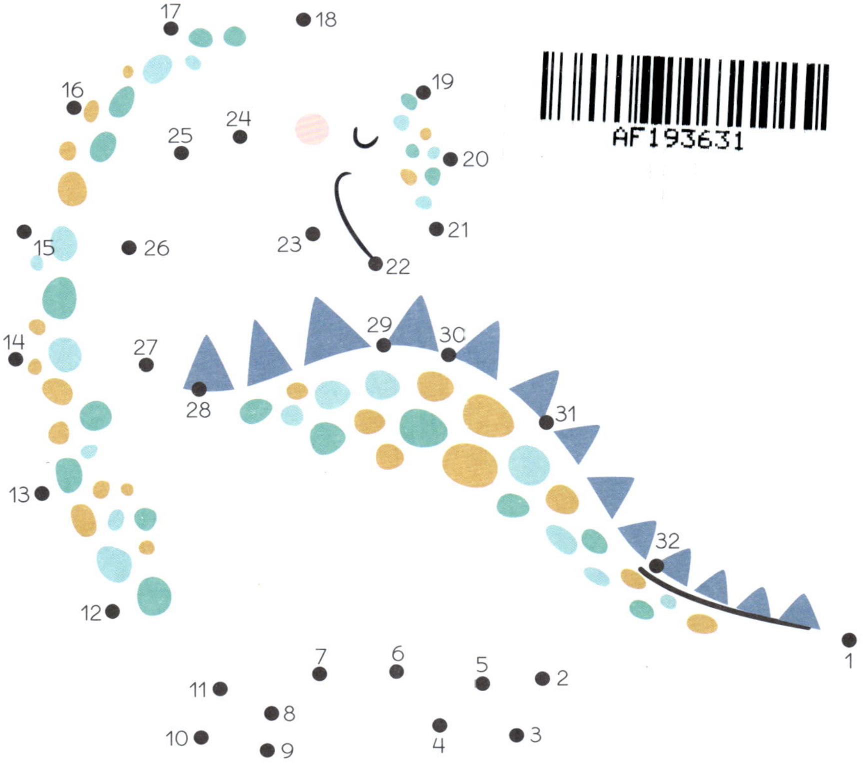

17 ●18

16

19

25 24

20

15 ●26

23 ●21

●22

29 3C

28 31

14

27

13

32

12

7 6 5

11 ●2

8

10● ●3

9 4

Traza la palabra:

# Encuentra la diferencia

¡Mira lo que ha nacido! ¿Puedes encontrar cinco diferencias entre los pequeños dinos? Cuando las encuentres, traza un círculo a su alrededor.

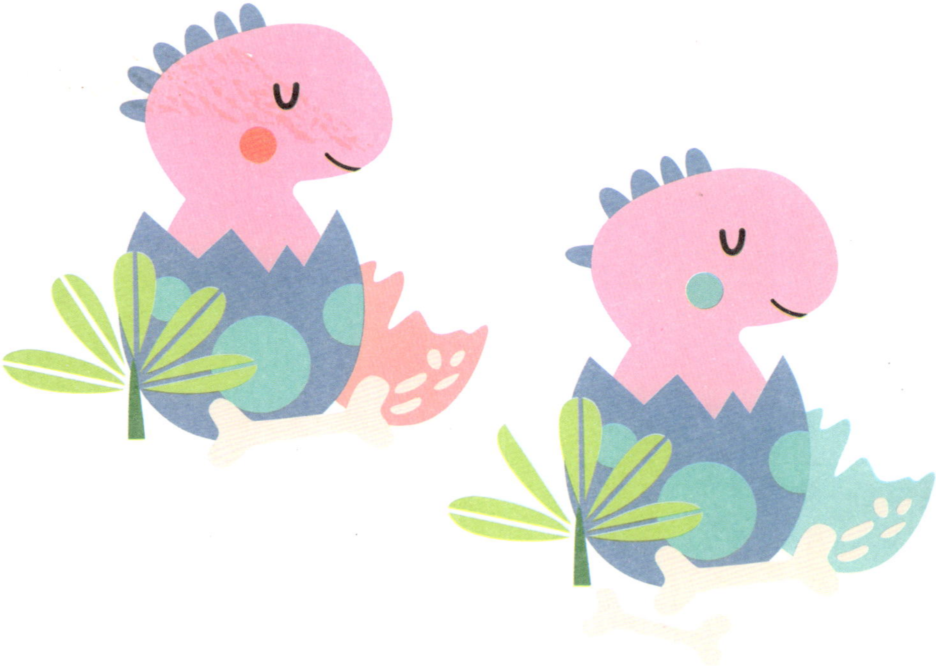

Traza la palabra:

huevo

# Diviértete uniendo

Traza las líneas de puntos para unir a
los dinosaurios con sus colores correspondientes.

# Superescamas

Elige qué colores quieres darle
a este gran estegosaurio.

# Piezas faltantes

¿Puedes ver qué piezas faltan en este rompecabezas?
Traza un círculo en las letras cuando las encuentres.

# Traza y colorea

Traza las líneas de puntos para terminar
este dinosaurio bebé y luego coloréalo.

# Sumas simples

Cuenta las imágenes para realizar estas sumas
y escribe las respuestas en los recuadros.

# Punto a punto

Une los puntos en orden. Luego termina
de colorear a este gigante herbívoro.

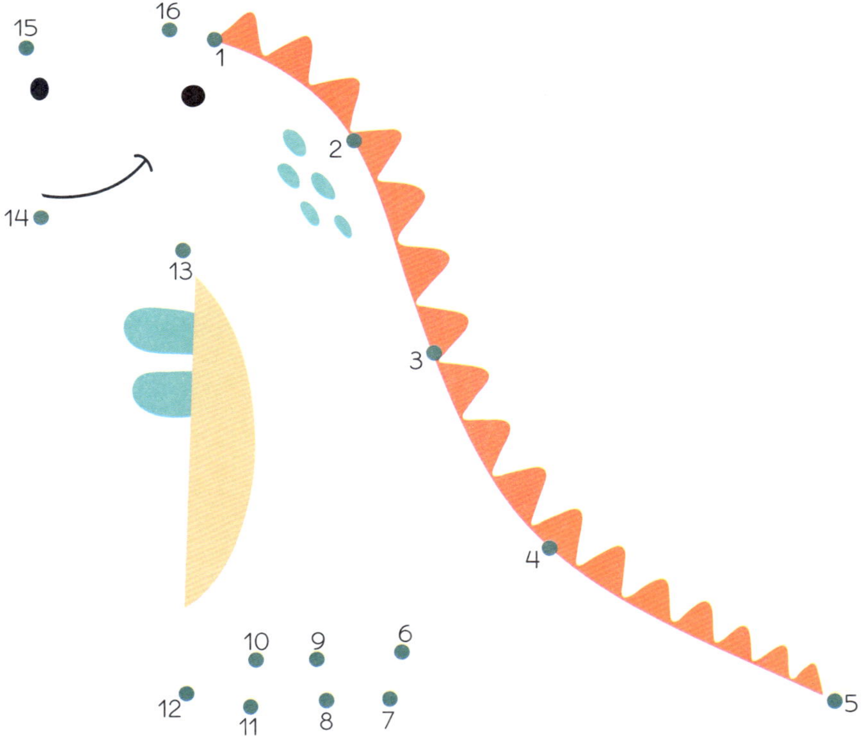

15
16
1
14
2
13
3
4
5
10   9   6
12
11   8   7

Traza la palabra:

# Trazando caminos

Traza los caminos sinuosos que debe seguir cada dinosaurio. Intenta trazar las líneas de una sola vez.

# ¡Veo bebés!

Cuenta el número de imágenes diferentes
que ves y escribe en los recuadros cuántas hay
de cada una.

# Encuentra las diferencias

¿Puedes encontrar las seis diferencias entre estas dos escenas de dinosaurios?

# Descubriendo gigantes

Traza las palabras para descubrir
el nombre de cada dinosaurio.

 pteranodon

 triceratops

 stegosaurus

 brachiosaurus

# Búsqueda de huevos

Sólo un camino llevará a mamá dinosaurio a sus huevos. Traza una línea para mostrarle el camino.

# Punto a punto

Une los puntos en orden.
Luego termina de colorear al dinosaurio oculto.

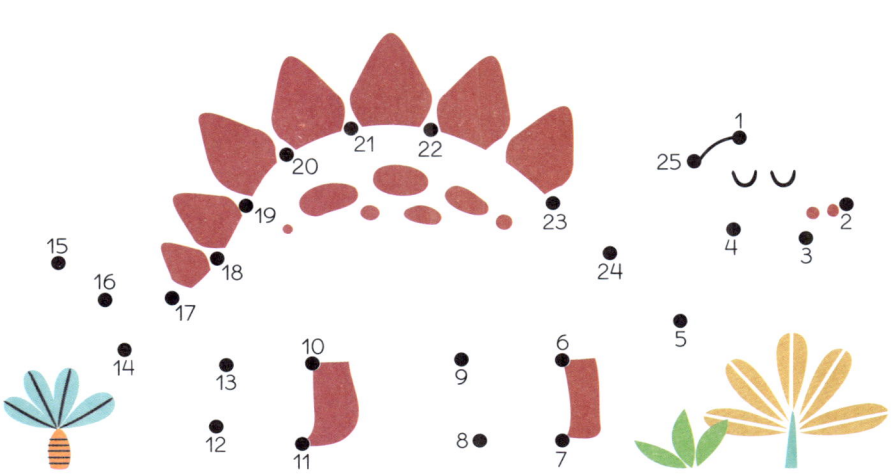

Traza la oración:

El stegosaurus

tiene escamas

# Sudoku

Recorta las figuras de debajo. Colócalas en la cuadrícula para que cada columna y cada fila tengan figuras diferentes.

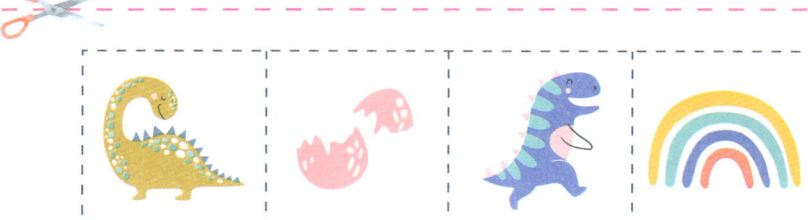

# Colorea por número

Colorea esta imagen utilizando el código numérico.

# El diferente

Mira con atención a todos los dinosaurios. ¿Cuál es el diferente? ¡Márcalo con un círculo cuando lo encuentres!

# Buscando huellas

¡Hay huellas gigantes en el suelo!
Cuenta cuántas huellas dejó cada dinosaurio
y pon su número en el recuadro de abajo.
¡Colorea las huellas una vez que las hayas contado!

# Problemas de enredos

Traza una línea para unir cada dinosaurio con su huevo. ¡Intenta no levantar el lápiz de la página!

# Une las sombras

¿Puedes unir cada dinosaurio con su sombra?
Traza líneas para unirlos correctamente.

# Colorea el ankylosaurus

Colorea la imagen siguiendo
el código numérico.

| 1 | 2 | 3 | 4 |
|---|---|---|---|
| Naranja | Verde | Azul | Marrón |

# ¿Qué viene después?

Dibuja en cada recuadro la imagen que corresponde para completar la serie.

# ¿Puedes encontrarlas?

¿Puedes localizar en la escena las imágenes que se enumeran a la derecha? Márcalas con un círculo cuando las encuentres.

Volcán

Planta

Pteranodon

Cuerno

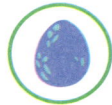

Huevo

Flor

# ¿Izquierda o derecha?

Cuenta cuántos dinosaurios miran hacia la izquierda y cuántos hacia la derecha. Llena los recuadros con los totales.

izquierda ⬜ ←   ⬜ derecha →

# Traza y colorea

Traza las líneas de puntos de este
dinosaurio bebé y luego colorea la imagen.

# Encuentra las diferencias

¿Puedes encontrar siete diferencias entre las
dos escenas del mundo de los dinosaurios?

# ¿Qué viene después?

Dibuja en cada recuadro la imagen que corresponde para completar la serie.

# Sudoku

Recorta las figuras de debajo. Colócalas en la cuadrícula para que cada columna y cada fila tengan figuras diferentes.

# ¡Qué cuello tan largo!

Traza la línea que une la cabeza de este herbívoro gigante con su cuerpo. ¡Intenta no levantar tu lápiz de la página!

# Parte delantera y trasera

Traza líneas para unir las mitades
delantera y trasera de cada dinosaurio.

# ¡Aliméntame mucho!

Los dinosaurios comen mucha comida.
Realiza las sumas y anótalas en el recuadro.
¿Qué dinosaurio tiene el estómago más grande?

# Triceratops gemelo

Mirando de uno en uno los cuadrados, copia
el triceratops de la cuadrícula superior en la
cuadrícula inferior. Luego, coloréalo.